地藏菩萨本愿

唐于阗国三藏沙门

CW00507036

香赞：

炉香乍爇。法界蒙熏。 诸佛海会

方殷。诸佛现全身。南无香云盖菩萨摩诃萨 （三称）

净口业真言：

唵，修利，修利，摩诃修利，修修利，萨婆诃。

净意业真言：

唵，嚩日啰怛诃贺斛。

净身业真言：

唵，修哆唎，修哆唎，修摩唎，修摩唎，萨婆诃。

安土地真言：

南无三满多，母驮喃，唵，度噜度噜，地尾，娑婆诃。

普供养真言：

唵，誐誐曩，三婆嚩，袜日啰斛。

觉林菩萨偈：

华严第四会。夜摩天宫。无量菩萨来集。说偈赞佛。尔时觉林

菩萨。承佛威力。遍观十方。而说颂言。

譬如工画师。分布诸彩色。虚妄取异相。大种无差别。大种中

无色。色中无大种。亦不离大种。而有色可得。心中无彩画。彩画

1

中无心。然不离于心。有彩画可得。彼心恒不住。无量难思议。示现一切色。各各不相知。譬如工画师。不能知自心。而由心故画。诸法性如是。心如工画师。能画诸世间。五蕴悉从生。无法而不造。如心佛亦尔。如佛众生然。应知佛与心。体性皆无尽。 若人知心行。普造诸世间。是人则见佛。了佛真实性。心不住于身。身亦不住心。而能作佛事。自在未曾有。若人欲了知。三世一切佛。应观法界性。一切唯心造。

赞:

稽首本然净心地　无尽佛藏大慈尊

南方世界涌香云　香雨花云及花雨

宝雨宝云无数种　为祥为瑞遍庄严

天人问佛是何因　佛言地藏菩萨至

三世如来同赞叹　十方菩萨共皈依

我今宿植善因缘　称扬地藏真功德

慈因积善，誓救众生，

手中金锡，振开地狱之门。

掌上明珠，光摄大千世界。

智慧音里，吉祥云中，

为阎浮提苦众生，作大证明功德主。

大悲大愿，大圣大慈，本尊地藏菩萨摩诃萨。

南无本师释迦牟尼佛（三称）

开经偈：

无上甚深微妙法，百千万劫难遭遇。

我今见闻得受持，愿解如来真实义。

地藏菩萨本愿功德经卷上

唐于阗国三藏沙门实叉难陀译

忉利天宫神通品第一

如是我闻。一时佛在忉利天，为母说法。尔时十方无量世界，不可说不可说一切诸佛，及大菩萨摩诃萨，皆来集会。赞叹释迦牟尼佛，能于五浊恶世，现不可思议大智慧神通之力，调伏刚强众生，知苦乐法，各遣侍者，问讯世尊。

是时，如来含笑，放百千万亿大光明云，所谓大圆满光明云、大慈悲光明云、大智慧光明云、大般若光明云、大三昧光明云、大吉祥光明云、大福德光明云、大功德光明云、大归依光明云、大赞叹光明云，放如是等不可说光明云已。又出种种微妙之音，所谓檀波罗蜜音、尸波罗蜜音、羼提波罗密音、毗离耶波罗蜜音、禅波罗蜜音、般若波罗密音、慈悲音、喜舍音、解脱音、无漏音、智慧音、大智慧音、师子吼音、大师子吼音、云雷音、大云雷音。

出如是等不可说不可说音已，娑婆世界，及他方国土，有无量亿天龙鬼神，亦集到忉利天宫，所谓四天王天、忉利天、须焰摩天、兜率陀天、化乐天、他化自在天、梵众天、梵辅天、大梵天、少光天、无量光天、光音天、少净天、无量净天、遍净天、福生天、福爱天、广果天、无想天、无烦天、无热天、善见天、善现天、色究竟天、摩醯首罗天、乃至非想非非想处天，一切天众、龙众、鬼神等众，悉来集会。复有他方国土，及娑婆世界，海神、江神、河神、树神、山神、地神、川泽神、苗稼神、昼神、夜神、空神、天神、饮食神、草木神，如是等神，皆来集会。

复有他方国土，及娑婆世界，诸大鬼王。所谓：恶目鬼王、啖血鬼王、啖精气鬼王、啖胎卵鬼王、行病鬼王、摄毒鬼王、慈心鬼王、福利鬼王、大爱敬鬼王，如是等鬼王，皆来集会。

尔时释迦牟尼佛、告文殊师利法王子菩萨摩诃萨：汝观是一切诸佛菩萨及天龙鬼神，此世界、他世界，此国土、他国土，如是今来集会到忉利天者，汝知数不？文殊师利白佛言：世尊，若以我神力，千劫测度，不能得知。

佛告文殊师利：吾以佛眼观故，犹不尽数。此皆是地藏菩萨久远劫来，已度、当度、未度，已成就、当成就、未成就。

文殊师利白佛言：世尊，我已过去久修善根、证无碍智。闻佛所言，即当信受。小果声闻、天龙八部、及未来世诸众生等，虽闻如来诚实之语，必怀疑惑。设使顶受，未免兴谤。唯愿世尊、广说地藏菩萨摩诃萨，因地作何行？立何愿？而能成就不思议事。

佛告文殊师利：譬如三千大千世界所有草木丛林、稻麻竹苇、山石微尘，一物一数，作一恒河；一恒河沙，一沙一界；一界之内、一尘一劫，一劫之内，所积尘数，尽充为劫，地藏菩萨证十地果位

5

以来，千倍多于上喻。何况地藏菩萨在声闻、辟支佛地。文殊师利，此菩萨威神誓愿，不可思议。若未来世，有善男子、善女人，闻是菩萨名字，或赞叹、或瞻礼、或称名、或供养，乃至彩画刻镂塑漆形像，是人当得百返生于三十三天，永不堕恶道。

文殊师利，是地藏菩萨摩诃萨，于过去久远不可说、不可说劫前，身为大长者子。时世有佛，号曰师子奋迅具足万行如来。时长者子，见佛相好，千福庄严，因问彼佛：作何行愿，而得此相？时师子奋迅具足万行如来告长者子：欲证此身，当须久远度脱一切受苦众生。文殊师利！时长者子，因发愿言：我今尽未来际不可计劫，为是罪苦六道众生，广设方便，尽令解脱，而我自身，方成佛道。以是于彼佛前，立斯大愿，于今百千万亿那由他不可说劫，尚为菩萨。

又于过去，不可思议阿僧祇劫，时世有佛，号曰觉华定自在王如来，彼佛寿命，四百千万亿阿僧祇劫。像法之中，有一婆罗门女，宿福深厚，众所钦敬；行住坐卧，诸天卫护。其母信邪，常轻三宝。

是时圣女广设方便，劝诱其母，令生正见，而此女母，未全信。不久命终，魂神堕在无间地狱。时婆罗门女，知母在世，不信因果。计当随业，必生恶趣。遂卖家宅，广求香华，及诸供具，于先佛塔寺，大兴供养。见觉华定自在王如来，其形像在一寺中，塑

6

画威容，端严毕备。时婆罗门女，瞻礼尊容，倍生敬仰。私自念言：佛名大觉，具一切智。若在世时，我母死后，傥来问佛，必知处所。

时婆罗门女，垂泣良久，瞻恋如来。忽闻空中声曰：泣者圣女，勿至悲哀，我今示汝母之去处。婆罗门女合掌向空，而白空曰：是何神德，宽我忧虑。我自失母以来，昼夜忆恋，无处可问知母生界。时空中有声，再报女曰：我是汝所瞻礼者，过去觉华定自在王如来，见汝忆母，倍于常情众生之分，故来告示。婆罗门女闻此声已，举身自扑，肢节皆损。左右扶侍，良久方苏。而白空曰：愿佛慈愍，速说我母生界，我今身心，将死不久。时觉华定自在王如来，告圣女曰：汝供养毕，但早返舍，端坐思惟吾之名号，即当知母所生去处。

　　时婆罗门女寻礼佛已，即归其舍。以忆母故，端坐念觉华定自在王如来。经一日一夜，忽见自身到一海边。其水涌沸，多诸恶兽，尽复铁身，飞走海上，东西驰逐。见诸男子女人，百千万数，出没海中，被诸恶兽争取食啖。又见夜叉，其形各异，或多手多眼、多足多头、口牙外出，利刃如剑。驱诸罪人，使近恶兽，复自搏攫，头足相就。其形万类，不敢久视。时婆罗门女，以念佛力故，自然无惧。有一鬼王，名曰无毒，稽首来迎，白圣女曰：善哉，菩萨，何缘来此？时婆罗门女问鬼王曰：此是何处？无毒答曰：此是大铁围山西面第一重海。圣女问曰：我闻铁围之内，地狱在中，是事实否？无毒答曰：实有地狱。圣女问曰：我今云何得到狱所？无毒答曰：若非威神，即须业力，非此二事，终不能到。圣女又问：此水何缘，而乃涌沸，多诸罪人，及以恶兽？无毒答曰：此是阎浮提造恶众生，新死之者，经四十九日后，无人继嗣，为作功德，救拔苦难，生时又无善因。当据本业所感地狱，自然先渡此海。海东十万由旬，又有一海，其苦倍此。彼海之东，又有一海，其苦复倍。三业恶因之所招感，共号业海，其处是也。圣女又问鬼王无毒曰：地狱何在？无毒答曰：三海之内，是大地狱，其数百千，各各差别。所谓大者，具有十八。次有五百，苦毒无量。次有千百，亦无量苦。圣女又问大鬼王曰：我母死来未久，不知魂神当至何趣？鬼王问圣女曰：菩萨之母，在生习何行业？圣女答曰：我母邪见，讥毁三宝。设或暂信，旋又不敬。死虽日浅，未知生处。无毒问曰：菩萨之母，姓氏何等？圣女答曰：我父我母，俱婆罗门种，父号尸罗善现，母号悦帝利。无毒合掌启菩萨曰：愿圣者却返本处，无至忧忆悲恋。悦帝利罪女，生天以来，经今三日。云承孝顺之子，为母设供修福，布施觉华定自在王如来塔寺。非唯菩萨之母，得脱地狱，应是无间罪人，此日悉得受乐，俱同生讫。鬼王言毕，合掌而退。婆罗门女，寻如梦归。悟此事已，便于觉华定自在王如来塔像之前，立弘誓愿：愿我尽未来劫，应有罪苦众生，广设方便，使令解脱。

佛告文殊师利：时鬼王无毒者，当今财首菩萨是。婆罗门女者，即地藏菩萨是。

分身集会品第二

尔时百千万亿不可思、不可议、不可量、不可说无量阿僧祇世界，所有地狱处，分身地藏菩萨，俱来集在忉利天宫。以如来神力故，各以方面，与诸得解脱从业道出者，亦各有千万亿那由他数，共持香华，来供养佛。彼诸同来等辈，皆因地藏菩萨教化，永不退转于阿耨多罗三藐三菩提。是诸众等，久远劫来，流浪生死，六道受苦，暂无休息。以地藏菩萨广大慈悲，深誓愿故，各获果证。既至忉利，心怀踊跃，瞻仰如来，目不暂舍。

尔时，世尊舒金色臂，摩百千万亿不可思、不可议、不可量、不可说、无量阿僧祇世界诸分身地藏菩萨摩诃萨顶，而作是言：吾于五浊恶世，教化如是刚强众生，令心调伏，舍邪归正，十有一二，尚恶习在。吾亦分身千百亿，广设方便。或有利根，闻即信受；或有善果，勤劝成就；或有暗钝，久化方归；或有业重，不生敬仰。如是等辈众生，各各差别，分身度脱。或现男子身、或现女人身、或现天龙身、或现神鬼身、或现山林川原、河池泉井，利及于人，悉皆度脱。或现天帝身、或现梵王身、或现转轮王身、或现居士身、或现国王身、或现宰辅身、或现官属身、或现比丘、比丘尼、优婆塞、优婆夷身、乃至声闻、罗汉、辟支佛、菩萨等身、而以化度。非但佛身，独现其前。汝观吾累劫勤苦，度脱如是等难化刚强罪苦众生。其有未调伏者，随业报应。若堕恶趣，受大苦时，汝当忆念吾在忉利天宫，殷勤付嘱。令娑婆世界，至弥勒出世已来众生，悉使解脱，永离诸苦，遇佛授记。

尔时，诸世界分身地藏菩萨，共复一形，涕泪哀恋，白其佛言：我从久远劫来，蒙佛接引，使获不可思议神力，具大智慧。我所分身，遍满百千万亿恒河沙世界，每一世界化百千万亿身，每一身度百千万亿人，令归敬三宝，永离生死，至涅槃乐。但于佛法中所为善事，一毛一渧，一沙一尘，或毫发许，我渐度脱，使获大利。唯愿世尊，不以后世恶业众生为虑。如是三白佛言：唯愿世尊，不以后世恶业众生为虑。

尔时，佛赞地藏菩萨言：善哉！善哉！吾助汝喜。汝能成就久远劫来，发弘誓愿，广度将毕，即证菩提。

观众生业缘品第三

尔时佛母摩耶夫人，恭敬合掌问地藏菩萨言：圣者，阎浮众生，造业差别，所受报应，其事云何？地藏答言：千万世界，乃及国土，或有地狱、或无地狱；或有女人、或无女人；或有佛法、或无佛法，乃至声闻辟支佛，亦复如是，非但地狱罪报一等。

摩耶夫人重白菩萨：且愿闻于阎浮罪报所感恶趣。地藏答言：圣母，唯愿听受，我粗说之。佛母白言：愿圣者说。

尔时地藏菩萨白圣母言：南阎浮提，罪报名号如是。若有众生不孝父母，或至杀害，当堕无间地狱，千万亿劫求出无期。若有众生出佛身血，毁谤三宝，不敬尊经，亦当堕于无间地狱，千万亿劫，求出无期。若有众生侵损常住，玷污僧尼，或伽蓝内恣行淫欲，或杀或害，如是等辈，当堕无间地狱，千万亿劫，求出无期。若有众生，伪作沙门，心非沙门，破用常住，欺诳白衣，违背戒律，种种造恶，如是等辈，当堕无间地狱，千万亿劫，求出无期。若有众生，偷窃常住财物谷米，饮食衣服，乃至一物不与取者，当堕无间地狱，千万亿劫，求出无期。地藏白言：圣母，若有众生，作如是罪，当堕五无间地狱，求暂停苦一念不得。

摩耶夫人重白地藏菩萨言：云何名为无间地狱？地藏白言：圣母，诸有地狱在大铁围山之内，其大地狱有一十八所，次有五百，名号各别，次有千百，名字亦别。无间狱者，其狱城周匝八万余里，其城纯铁，高一万里，城上火聚，少有空缺。其狱城中，诸狱相连，名号各别。独有一狱，名曰无间，其狱周匝万八千里，狱墙高一千里，悉是铁围，上火彻下，下火彻上。铁蛇铁狗，吐火驰逐狱墙之上，东西而走。狱中有床，遍满万里。一人受罪，自见其身遍卧满床。千万人受罪，亦各自见身满床上。众业所感获报如是。

又诸罪人，备受众苦。千百夜叉及以恶鬼，口牙如剑，眼如电光，手复铜爪，拖拽罪人。复有夜叉执大铁戟，中罪人身，或中口鼻，或中腹背。抛空翻接或置床上，复有铁鹰啖罪人目。复有铁蛇绞罪人颈。百肢节内，悉下长钉，拔舌耕犁，抽肠剉斩，烊铜灌口，热铁缠身。万死千生，业感如是。动经亿劫，求出无期。此界坏时，寄生他界，他界次坏，转寄他方；他方坏时，辗转相寄。此界成后，还复而来。无间罪报，其事如是。

又五事业感，故称无间。何等为五？一者、日夜受罪，以至劫数，无时间绝，故称无间。二者、一人亦满，多人亦满，故称无间。三者、罪器叉棒，鹰蛇狼犬，碓磨锯凿，剉斫镬汤，铁网铁绳，铁驴铁马，生革络首，热铁浇身，饥吞铁丸，渴饮铁汁，从年竟劫，数那由他，苦楚相连，更无间断，故称无间。四者、不问男子女人，羌胡夷狄，老幼贵贱，或龙或神，或天或gui，罪行业感，悉同受之，故称无间。五者、若堕此狱，从初入时，至百千劫，一日一夜，万死万生，求一念间暂住不得，除非业尽，方得受生，以此连绵，故称无间。

地藏菩萨白圣母言：无间地狱，粗说如是。若广说地狱罪器等名，及诸苦事，一劫之中，求说不尽。摩耶夫人闻已，愁忧合掌，顶礼而退。

阎浮众生业感品第四

尔时地藏菩萨摩诃萨白佛言：世尊，我承佛如来威神力故，遍百千万亿世界，分是身形，救拔一切业报众生。若非如来大慈力故，即不能作如是变化。我今又蒙佛付嘱，至阿逸多成佛以来，六道众生，遣令度脱。唯然世尊，愿不有虑。

尔时佛告地藏菩萨：一切众生未解脱者，性识无定，恶习结业，善习结果。为善为恶，逐境而生。轮转五道，暂无休息，动经尘劫，迷惑障难。如鱼游网。将是长流，脱入暂出，又复遭网。以是等辈，吾当忧念。汝既毕是往愿，累劫重誓，广度罪辈，吾复何虑。

说是语时，会中有一菩萨摩诃萨，名定自在王，白佛言：世尊，地藏菩萨累劫以来，各发何愿，今蒙世尊殷勤赞叹。唯愿世尊，略而说之。

尔时世尊告定自在王菩萨：谛听谛听！善思念之！吾当为汝分别解说。乃往过去无量阿僧祇那由他不可说劫，尔时有佛，号一切智成就如来，应供、正遍知、明行足、善逝、世间解、无上士、调御丈夫、天人师、佛、世尊，其佛寿命六万劫。未出家时为小国王，与一邻国王为友，同行十善，饶益众生。其邻国内所有人民，多造众恶。二王议计，广设方便。一王发愿，早成佛道，当度是辈，令使无余。一王发愿，若不先度罪苦，令是安乐，得至菩提，我终未愿成佛。佛告定自在王菩萨：一王发愿早成佛者，即一切智成就如来是。一王发愿永度罪苦众生，未愿成佛者，即地藏菩萨是。

复于过去无量阿僧祇劫，有佛出世，名清净莲华目如来，其佛寿命四十劫。像法之中，有一罗汉，福度众生。因次教化，遇一女人，字曰光目，设食供养。罗汉问之：欲愿何等？光目答曰：我以母亡之日，资福救拔，未知我母生处何趣？罗汉愍之，为入定观，见光目女母堕在恶趣，受极大苦。罗汉问光目言：汝母在生，作何行业？今在恶趣，受极大苦。光目答言：我母所习，唯好食啖鱼鳖之属。所食鱼鳖，多食其子，或炒或煮，恣情食啖，计其命数，千万复倍。尊者慈愍，如何哀救？罗汉愍之，为作方便，劝光目言：汝可志诚念清净莲华目如来，兼塑画形像，存亡获报。光目闻已，即舍所爱，寻画佛像而供养之，复恭敬心，悲泣瞻礼。忽于夜后，梦见佛身金色晃耀，如须弥山，放大光明。而告光目：汝母不久当生汝家，才觉饥寒，即当言说。其后家内婢生一子，未满三日，而乃言说。稽首悲泣，告于光目：生死业缘，果报自受，吾是汝母，久处暗冥。自别汝来，累堕大地狱。蒙汝福力，方得受生。为下贱人，又复短命。寿年十三，更落恶道。汝有何计，令吾脱免？光目闻说，知母无疑，哽咽悲啼而白婢子：既是我母，合知本罪，作何行业，堕于恶道。婢子答言：以杀害毁骂二业受报。若非蒙福，救拔吾难，以是业故，未合解脱。光目问言：地狱罪报，其事云何？婢子答言：罪苦之事，不忍称说，百千岁中，卒白难竟。光目闻已，啼泪号泣而白空界：愿我之母，永脱地狱，毕十三岁，更无重罪，及历恶道。十方诸佛慈哀愍我，听我为母所发广大誓愿。若得我母永离三途及斯下贱，乃至女人之身永劫不受者。愿我自今日后，对清净莲华目如来像前，却后百千万亿劫中，应有世界，所有地狱及三恶道诸罪苦众生，誓愿救拔，令离地狱恶趣，畜生饿鬼等，如是罪报等人，尽成佛竟，我然后方成正觉。发誓愿已，具闻清净莲华目如来而告之曰：光目，汝大慈愍，善能为母发如是大愿。吾观汝母十三岁毕，舍此报已，生为梵志，寿年百岁。过是报后，当生无忧国土，寿命不可计劫。后成佛果，广度人天，数如恒河沙。

佛告定自在王：尔时罗汉福度光目者，即无尽意菩萨是。光目母者，即解脱菩萨是，光目女者即地藏菩萨是。过去久远劫中，如是慈愍，发恒河沙愿，广度众生。未来世中，若有男子女人，不行善者行恶者，乃至不信因果者，邪淫妄语者，两舌恶口者，毁谤大乘者，如是诸业众生，必堕恶趣。若遇善知识，劝令一弹指间，归依地藏菩萨，是诸众生，即得解脱三恶道报。若能志心归敬及瞻礼赞叹，香华衣服，种种珍宝，或复饮食，如是奉事者。未来百千万亿劫中，常在诸天受胜妙乐。若天福尽，下生人间，犹百千劫常为帝王，能忆宿命因果本末。

定自在王！如是地藏菩萨有如此不可思议大威神力，广利众生，女等诸菩萨当记是经广宣流布。定自在王白佛言：世尊，愿不有虑。

我等千万亿菩萨摩诃萨，必能承佛威神广演是经，于阎浮提利益众生。定自在王菩萨白世尊已，合掌恭敬作礼而退。

尔时四方天王俱从座起，合掌恭敬白佛言：世尊，地藏菩萨于久远劫来，发如是大愿，云何至今犹度未绝，更发广大誓言。唯愿世尊为我等说。

佛告四天王：善哉善哉！吾今为汝及未来现在天人众等，广利益故，说地藏菩萨于娑婆世界，阎浮提内生死道中，慈哀救拔，度脱一切罪苦众生方便之事。四天王言：唯然世尊，愿乐欲闻。

佛告四天王：地藏菩萨久远劫来，迄至于今，度脱众生，犹未毕愿，慈愍此世罪苦众生。复观未来无量劫中，因蔓不断，以是之故，又发重愿。如是菩萨于娑婆世界，阎浮提中，百千万亿方便，而为教化。四天王，地藏菩萨若遇杀生者，说宿殃短命报。若遇窃盗者，说贫穷苦楚报。若遇邪淫者，说雀鸽鸳鸯报。若遇恶口者，说眷属斗诤报。若遇毁谤者，说无舌疮口报。若遇嗔恚者，说丑陋癃残报。若遇悭吝者，说所求违愿报。若遇饮食无度者，说饥渴咽病报。若遇畋猎恣情者，说惊狂丧命报。若遇悖逆父母者，说天地灾杀报。若遇烧山林木者，说狂迷取死报。若遇前后父母恶毒者，说返生鞭挞现受报。若遇网捕生雏者，说骨肉分离报。若遇毁谤三宝者，说盲聋喑哑报。若遇轻法慢教者，说永处恶道报。若遇破用常住者，说亿劫轮回地狱报。若遇污梵诬僧者，说永在畜生报。若

18

遇汤火斩斫伤生者，说轮回递偿报。若遇破戒犯斋者，说禽兽饥饿报。若遇非理毁用者，说所求阙绝报。若遇吾我贡高者，说卑使下贱报。若遇两舌斗乱者，说无舌百舌报。若遇邪见者，说边地受生报。如是等阎浮提众生，身口意业，恶习结果，百千报应，今粗略说。如是等阎浮提众生业感差别，地藏菩萨百千方便而教化之。是诸众生，先受如是等报，后堕地狱，动经劫数，无有出期。是故汝等护人护国，无令是诸众业迷惑众生。

四天王闻已，涕泪悲叹合掌而退。

地藏菩萨本愿经卷上

赞

如来慈愍　转大法轮　婆罗门女救慈亲　觉华度迷津　摩耶夫人请问地藏因　南无地藏王菩萨　（三称）

地藏菩萨本愿功德经卷中

唐于阗国三藏沙门实叉难陀译

地狱名号品第五

尔时普贤菩萨摩诃萨白地藏菩萨言：仁者，愿为天龙四众，及未来现在一切众生，说娑婆世界，及阎浮提罪苦众生，所受报处，地狱名号，及恶报等事，使未来世末法众生，知是果报。

地藏答言：仁者，我今承佛威神，及大士之力，略说地狱名号，及罪报恶报之事。

仁者，阎浮提东方有山，号曰铁围，其山黑邃，无日月光。有大地狱，号极无间，又有地狱，名大阿鼻。复有地狱，名曰四角；复有地狱，名曰飞刀；复有地狱，名曰火箭；复有地狱，名曰夹山；复有地狱，名曰通枪；复有地狱，名曰铁车；复有地狱，名曰铁床；复有地狱，名曰铁牛；复有地狱，名曰铁衣；复有地狱，名曰千刀；复有地狱，名曰铁驴；复有地狱，名曰烊铜；复有地狱，名曰抱柱；复有地狱，名曰流火；复有地狱，名曰耕舌；复有地狱，名曰剉首；复有地狱，名曰烧脚；复有地狱，名曰啖眼；复有地狱，名曰铁丸；复有地狱，名曰诤论；复有地狱，名曰铁鈇；复有地狱，名曰多嗔。

地藏白言：仁者，铁围之内，有如是等地狱，其数无限。更有叫唤地狱，拔舌地狱，粪尿地狱，铜锁地狱，火象地狱，火狗地狱，火马地狱，火牛地狱，火山地狱，火石地狱，火床地狱，火梁地狱，火鹰地狱，锯牙地狱，剥皮地狱，饮血地狱，烧手地狱，烧脚地狱，倒刺地狱，火屋地狱，铁屋地狱，火狼地狱。如是等地狱。其中各各复有诸小地狱，或一、或二、或三、或四、乃至百千，其中名号，各各不同。

地藏菩萨告普贤菩萨言：仁者，此者皆是南阎浮提行恶众生，业感如是。业力甚大，能敌须弥，能深巨海，能障圣道。是故众生莫轻小恶，以为无罪，死后有报，纤毫受之。父子至亲，歧路各别，纵然相逢，无肯代受。我今承佛威力，略说地狱罪报之事，唯愿仁者暂听是言。

普贤答言：吾已久知三恶道报，望仁者说，令后世末法一切恶行众生，闻仁者说，使令归佛。

地藏白言：仁者，地狱罪报，其事如是。或有地狱，取罪人舌，使牛耕之。或有地狱取罪人心，夜叉食之。或有地狱，镬汤盛沸，煮罪人身。或有地狱，赤烧铜柱，使罪人抱。或有地狱，使诸火烧，趁及罪人。或有地狱，一向寒冰。或有地狱，无限粪尿。或有地狱，纯飞钑鑗。或有地狱，多攒火枪。或有地狱，唯撞胸背。或有地狱，但烧手足。或有地狱，盘缴铁蛇。或有地狱，驱逐铁狗。或有地狱，尽驾铁骡。

仁者，如是等报，各各狱中，有百千种业道之器，无非是铜是铁，是石是火，此四种物，众业行感。若广说地狱罪报等事，一一狱中，更有百千种苦楚，何况多狱。我今承佛威神及仁者问，略说如是。若广解说，穷劫不尽。

如来赞叹品第六

尔时世尊举身放大光明，遍照百千万亿恒河沙等诸佛世界。出大音声，普告诸佛世界一切诸菩萨摩诃萨，及天、龙、鬼、神、人、非人等。听吾今日称扬赞叹地藏菩萨摩诃萨，于十方世界，现大不可思议威神慈悲之力，救护一切罪苦之事。吾灭度后，汝等诸菩萨大士，及天龙鬼神等，广作方便，卫护是经，令一切众生证涅槃乐。

说是语已，会中有一菩萨，名曰普广，合掌恭敬而白佛言：今见世尊赞叹地藏菩萨，有如是不可思议大威神德，唯愿世尊为未来世末法众生，宣说地藏菩萨利益人天因果等事，使诸天龙八部，及未来世众生，顶受佛语。

尔时世尊告普广菩萨及四众等：谛听谛听！吾当为汝略说地藏菩萨利益人天福德之事。普广白言：唯然！世尊，愿乐欲闻。

佛告普广菩萨：未来世中，若有善男子、善女人，闻是地藏菩萨摩诃萨名者，或合掌者、赞叹者、作礼者、恋慕者，是人超越三十劫罪。普广，若有善男子、善女人，或彩画形像，或土石胶漆，金银铜铁、作此菩萨，一瞻一礼者，是人百返生于三十三天，永不堕于恶道。假如天福尽故，下生人间，犹为国王，不失大利。若有女人，厌女人身，尽心供养地藏菩萨画像，及土石胶漆铜铁等像，如是日日不退，常以华香、饮食、衣服、缯彩、幢幡、钱、宝物等供养。是善女人，尽此一报女身，百千万劫，更不生有女人世界，何况复受。除非慈愿力故，要受女身，度脱众生，承斯供养地藏力故，及功德力，百千万劫不受女身。

复次普广：若有女人，厌是丑陋，多疾病者，但于地藏像前，志心瞻礼，食顷之间。是人千万劫中，所受生身，相貌圆满。是丑陋女人，如不厌女身，即百千万亿生中，常为王女，乃及王妃，宰辅大姓，大长者女，端正受生，诸相圆满。由志心故，瞻礼地藏菩萨，获福如是。

复次普广：若有善男子、善女人，能对菩萨像前，作诸伎乐，及歌咏赞叹，香华供养，乃至劝于一人多人。如是等辈，现在世中及未来世，常得百千鬼神日夜卫护，不令恶事辄闻其耳，何况亲受诸横。

复次普广：未来世中，若有恶人及恶神恶鬼，见有善男子、善女人，归敬供养赞叹瞻礼地藏菩萨形像，或妄生讥毁，谤无功德及利益事，或露齿笑，或背面非，或劝人共非，或一人非，或多人非，乃至一念生讥毁者。如是之人，贤劫千佛灭度，讥毁之报，尚在阿鼻地狱受极重罪。过是劫已，方受饿鬼。又经千劫，复受畜生。又经千劫，方得人身。纵受人身，贫穷下贱，诸根不具，多被恶业来结其心。不久之间，复堕恶道。是故普广，讥毁他人供养，尚获此报，何况别生恶见毁灭。

24

复次普广：若未来世，有男子女人，久处床枕，求生求死，了不可得。或夜梦恶鬼，乃及家亲、或游险道、或多魇寐、共鬼神游。日月岁深，转复尪瘵，眠中叫苦，惨凄不乐者。此皆是业道论对，未定轻重，或难舍寿、或不得愈，男女俗眼，不辨是事。但当对诸佛菩萨像前，高声转读此经一遍。或取病人可爱之物，或衣服、宝贝、庄园、舍宅，对病人前，高声唱言：我某甲等，为是病人对经像前舍诸等物，或供养经像、或造佛菩萨形像、或造塔寺、或燃油灯、或施常住。如是三白病人，遣令闻知。假令诸识分散，至气尽者，乃至一日、二日、三日、四日至七日以来。但高声白，高声读经。是人命终之后。宿殃重罪，至于五无间罪，永得解脱，所受生处，常知宿命。何况善男子善女人自书此经或教人书、或自塑画菩萨形像乃至教人塑画。所受果报，必获大利。是故普广，若见有人读诵是经，乃至一念赞叹是经，或恭敬者。汝须百千方便，劝是等人，勤心莫退，能得未来、现在千万亿不可思议功德。

复次普广：若未来世诸众生等，或梦或寐，见诸鬼神乃及诸形，或悲、或啼、或愁、或叹、或恐、或怖。此皆是一生十生百生千生过去父母、男女弟妹、夫妻眷属，在于恶趣，未得出离，无处希望福力救拔，当告宿世骨肉，使作方便，愿离恶道。普广，汝以神力，遣是眷属，令对诸佛菩萨像前，志心自读此经，或请人读，其数三遍或七遍。如是恶道眷属，经声毕是遍数，当得解脱，乃至梦寐之中，永不复见。

复次普广：若未来世，有诸下贱等人，或奴或婢，乃至诸不自由之人，觉知宿业，要忏悔者。志心瞻礼地藏菩萨形像，乃至一七日中，念菩萨名，可满万遍。如是等人，尽此报后，千万生中，常生尊贵，更不经三恶道苦。

复次普广：若未来世中，阎浮提内，刹利、婆罗门、长者、居士、一切人等，及异姓种族，有新产者，或男或女，七日之中，早与读诵此不思议经典，更为念菩萨名，可满万遍。是新生子，或男或女，宿有殃报，便得解脱，安乐易养，寿命增长。若是承福生者，转增安乐，及与寿命。

复次普广：若未来世众生，于月一日、八日、十四日、十五日、十八日、二十三、二十四、二十八、二十九日、乃至三十日，是诸日等，诸罪结集，定其轻重。南阎浮提众生，举止动念，无不是业，无不是罪，何况恣情杀害、窃盗、邪淫、妄语、百千罪状。能于是十斋日，对佛菩萨诸贤圣像前，读是经一遍，东西南北百由旬内，无诸灾难。当此居家，若长若幼，现在未来百千岁中，永离恶趣。能于十斋日每转一遍，现世令此居家无诸横病，衣食丰溢。是故普广，当知地藏菩萨有如是等不可说百千万亿大威神力，利益之事。阎浮众生，于此大士有大因缘。是诸众生，闻菩萨名，见菩萨像，乃至闻是经三字五字，或一偈一句者，现在殊妙安乐，未来之世，百千万生，常得端正，生尊贵家。

尔时普广菩萨闻佛如来称扬赞叹地藏菩萨已，胡跪合掌复白佛言：世尊，我久知是大士有如此不可思议神力，及大誓愿力，为未来众生遣知利益，故问如来，唯然顶受。世尊，当何名此经，使我云何流布？

佛告普广：此经有三名：一名地藏本愿，亦名地藏本行，亦名地藏本誓力经。缘此菩萨，久远劫来，发大重愿，利益众生，是故汝等，依愿流布。

普广闻已，合掌恭敬作礼而退。

利益存亡品第七

尔时地藏菩萨摩诃萨白佛言：世尊，我观是阎浮众生，举心动念，无非是罪。脱获善利，多退初心。若遇恶缘，念念增益。是等辈人，如履泥涂，负于重石，渐困渐重，足步深邃。若得遇知识，替与减负，或全与负。是知识有大力故，复相扶助，劝令牢脚。若达平地，须省恶路，无再经历。

世尊，习恶众生，从纤毫间，便至无量。是诸众生有如此习，临命终时，父母眷属，宜为设福，以资前路。或悬幡盖及燃油灯。或转读尊经、或供养佛像及诸圣像，乃至念佛菩萨，及辟支佛名字，一名一号，历临终人耳根，或闻在本识。是诸众生所造恶业，计其感果，必堕恶趣，缘是眷属为临终人修此圣因，如是众罪，悉皆消灭。若能更为身死之后，七七日内，广造众善。能使是诸众生永离恶趣，得生人天，受胜妙乐，现在眷属，利益无量。是故我今对佛世尊，及天龙八部人非人等，劝于阎浮提众生临终之日，慎勿杀害，及造恶缘，拜祭鬼神，求诸魍魉。何以故？尔所杀害乃至拜祭，无纤毫之力，利益亡人，但结罪缘，转增深重。假使来世或现在生，得获圣分，生人天中。缘是临终被诸眷属造是恶因，亦令是命终人殃累对辩，晚生善处。何况临命终人，在生未曾有少善根，各据本业，自受恶趣，何忍眷属更为增业。譬如有人从远地来，绝粮三日，所负担物，强过百斤，忽遇邻人，更附少物，以是之故，转复困重。

世尊，我观阎浮众生，但能于诸佛教中，乃至善事，一毛一渧，一沙一尘，如是利益，悉皆自得。

说是语时，会中有一长者，名曰大辩，是长者久证无生，化度十方，现长者身，合掌恭敬，问地藏菩萨言：大士，是南阎浮提众生，命终之后，小大眷属，为修功德，乃至设斋，造众善因，是命终人，得大利益及解脱不？

地藏答言：长者，我今为未来现在一切众生，承佛威力，略说是事。长者，未来现在诸众生等，临命终日，得闻一佛名、一菩萨名、一辟支佛名，不问有罪无罪，悉得解脱。若有男子女人，在生不修善因多造众罪。命终之后，眷属小大，为造福利一切圣事，七分之中而乃获一，六分功德，生者自利。以是之故，未来现在善男女等，闻健自修，分分己获。无常大鬼，不期而到，冥冥游神，未知罪福。七七日内，如痴如聋，或在诸司辩论业果。审定之后，据业受生。未测之间，千万愁苦，何况堕于诸恶趣等。是命终人，未得受生，在七七日内，念念之间，望诸骨肉眷属，与造福力救拔。过是日后，随业受报。若是罪人，动经千百岁中，无解脱日。若是五无间罪，堕大地狱，千劫万劫，永受众苦。

复次长者：如是罪业众生，命终之后，眷属骨肉，为修营斋，资助业道，未斋食竟，及营斋之次，米泔菜叶，不弃于地，乃至诸食未献佛僧，勿得先食。如有违食，及不精勤，是命终人，了不得力。如精勤护净奉献佛僧，是命终人，七分获一。是故长者，阎浮众生，若能为其父母乃至眷属，命终之后，设斋供养，志心勤恳。如是之人，存亡获利。

说是语时，忉利天宫，有千万亿那由他阎浮鬼神，悉发无量菩提之心，大辩长者作礼而退。

阎罗王众赞叹品第八

尔时铁围山内，有无量鬼王，与阎罗天子，俱诣忉利，来到佛所。所谓：恶毒鬼王、多恶鬼王、大诤鬼王、白虎鬼王、血虎鬼王、赤虎鬼王、散殃鬼王、飞身鬼王、电光鬼王、狼牙鬼王、千眼鬼王、啖兽鬼王、负石鬼王、主耗鬼王、主祸鬼王、主食鬼王、主财鬼王、主畜鬼王、主禽鬼王、主兽鬼王、主魅鬼王、主产鬼王、主命鬼王、主疾鬼王、主险鬼王、三目鬼王、四目鬼王、五目鬼王、祁利失王、大祁利失王、祁利叉王、大祁利叉王、阿那吒王、大阿那吒王、如是等大鬼王，各各与百千诸小鬼王，尽居阎浮提，各有所执，各有所主。是诸鬼王与阎罗天子，承佛威神，及地藏菩萨摩诃萨力，俱诣忉利，在一面立。

尔时阎罗天子，胡跪合掌白佛言：世尊，我等今者与诸鬼王，承佛威神，及地藏菩萨摩诃萨力，方得诣此忉利大会，亦是我等获善利故。我今有小疑事，敢问世尊。唯愿世尊慈悲宣说。

佛告阎罗天子：恣汝所问，吾为汝说。是时阎罗天子瞻礼世尊，及回视地藏菩萨，而白佛言：世尊，我观地藏菩萨在六道中，百千方便而度罪苦众生，不辞疲倦，是大菩萨有如是不可思议神通之事。然诸众生获脱罪报，未久之间，又堕恶道。世尊，是地藏菩萨既有如是不可思议神力，云何众生而不依止善道，永取解脱？唯愿世尊为我解说。

佛告阎罗天子：南阎浮提众生，其性刚强，难调难伏。是大菩萨，于百千劫，头头救拔如是众生，早令解脱。是罪报人乃至堕大恶趣，菩萨以方便力，拔出根本业缘，而遣悟宿世之事。自是阎浮提众生结恶习重，旋出旋入，劳斯菩萨久经劫数而作度脱。譬如有人迷失本家，误入险道，其险道中，多诸夜叉、及虎狼狮子、蚖蛇蝮蝎。如是迷人，在险道中，须臾之间，即遭诸毒。有一知识，多解大术，善禁是毒，乃及夜叉诸恶毒等。忽逢迷人欲进险道，而语之言：咄哉男子，为何事故而入此路，有何异术，能制诸毒。是迷路人忽闻是语，方知险道，即便退步，求出此路。是善知识，提携接手，引出险道，免诸恶毒。至于好道，令得安乐。而语之言：咄哉迷人，自今已后，勿履是道。此路入者，卒难得出，复损性命。是迷路人亦生感重。临别之时，知识又言：若见亲知及诸路人，若男若女，言于此路多诸毒恶，丧失性命。无令是众自取其死。是故地藏菩萨俱大慈悲，救拔罪苦众生，生人天中，令受妙乐。是诸罪众，知业道苦，脱得出离，永不再历。如迷路人，误入险道，遇善知识引接令出，永不复入。逢见他人，复劝莫入。自言因是迷故，得解脱竟，更不复入。若再履践，犹尚迷误，不觉旧曾所落险道，或致失命。如堕恶趣，地藏菩萨方便力故，使令解脱，生人天中。旋又再入，若业结重，永处地狱，无解脱时。

尔时恶毒鬼王合掌恭敬白佛言：世尊，我等诸鬼王，其数无量，在阎浮提，或利益人，或损害人，各各不同。然是业报，使我眷属游行世界，多恶少善。过人家庭，或城邑聚落，庄园房舍。或有男子女人，修毛发善事，乃至悬一幡一盖，少香少华，供养佛像及菩萨像。或转读尊经，烧香供养一句一偈。我等鬼王敬礼是人，如过去现在未来诸佛。敕诸小鬼，各有大力，及土地分，便令卫护，不令恶事横事、恶病横病，乃至不如意事，近于此舍等处，何况入门。

佛赞鬼王：善哉，善哉！汝等及与阎罗，能如是拥护善男女等，吾亦告梵王帝释，令卫护汝。

说是语时，会中有一鬼王，名曰主命。白佛言：世尊，我本业缘，主阎浮人命，生时死时，我皆主之。在我本愿，甚欲利益。自是众生不会我意，致令生死俱不得安。何以故。是阎浮提人初生之时，不问男女，或欲生时，但作善事，增益宅舍，自令土地无量欢喜，拥护子母，得大安乐，利益眷属。或已生下，慎勿杀害，取诸鲜味供给产母，及广聚眷属，饮酒食肉，歌乐弦管，能令子母不得安乐。何以故。是产难时，有无数恶鬼及魍魉精魅，欲食腥血。是我早令舍宅土地灵祇。荷护子母，使令安乐，而得利益。如是之人，见安乐故，便合设福，答诸土地。翻为杀害，聚集眷属。以是之故，犯殃自受，子母俱损。

又阎浮提临命终人，不问善恶，我欲令是命终之人，不落恶道。

何况自修善根增我力故。是阎浮提行善之人，临命终时，亦有百千恶道鬼神，或变作父母，乃至诸眷属，引接亡人，令落恶道。何况本造恶者。

世尊，如是阎浮提男子女人临命终时，神识惛昧，不辨善恶，乃至眼耳更无见闻。是诸眷属，当须设大供养，转读尊经，念佛菩萨名号。如是善缘，能令亡者离诸恶道，诸魔鬼神悉皆退散。

世尊，一切众生临命终时，若得闻一佛名，一菩萨名，或大乘经典，一句一偈。我观如是辈人，除五无间杀害之罪，小小恶业，合堕恶趣者，寻即解脱。

佛告主命鬼王：汝大慈故，能发如是大愿，于生死中，护诸众生。若未来世中，有男子女人至生死时，汝莫退是愿，总令解脱，永得安乐。

鬼王白佛言：愿不有虑。我毕是形，念念拥护阎浮众生，生时死时，俱得安乐。但愿诸众生于生死时，信受我语，无不解脱，获大利益。

尔时佛告地藏菩萨：是大鬼王主命者，已曾经百千生，作大鬼王，于生死中，拥护众生。是大士慈悲愿故，现大鬼身，实非鬼也。却后过一百七十劫，当得成佛，号曰无相如来，劫名安乐，世界名净住，其佛寿命不可计劫。地藏，是大鬼王，其事如是不可思议，所度人天亦不可限量。

称佛名号品第九

尔时地藏菩萨摩诃萨白佛言：世尊，我今为未来众生演利益事，于生死中，得大利益，唯愿世尊听我说之。

佛告地藏菩萨：汝今欲兴慈悲，救拔一切罪苦六道众生，演不思议事，今正是时，唯当速说。吾即涅槃，使汝早毕是愿，吾亦无忧现在未来一切众生。

地藏菩萨白佛言：世尊，过去无量阿僧祇劫，有佛出世，号无边身如来。若有男子女人闻是佛名，暂生恭敬，即得超越四十劫生死重罪。何况塑画形像，供养赞叹，其人获福无量无边。

又于过去恒河沙劫，有佛出世，号宝性如来。若有男子女人闻是佛名，一弹指顷，发心归依，是人于无上道永不退转。

又于过去有佛出世，号波头摩胜如来。若有男子、女人，闻是佛名，历于耳根，是人当得千返生于六欲天中，何况志心称念。

又于过去，不可说不可说阿僧祇劫，有佛出世，号师子吼如来。若有男子女人闻是佛名，一念归依，是人得遇无量诸佛摩顶授记。

又于过去有佛出世，号拘留孙佛。若有男子女人，闻是佛名，志心瞻礼或复赞叹，是人于贤劫千佛会中，为大梵王，得授上记。

又于过去有佛出世，号毗婆尸。若有男子女人闻是佛名，永不堕恶道，常生人天，受胜妙乐。

又于过去无量无数恒河沙劫，有佛出世，号宝胜如来。若有男子女人闻是佛名，毕竟不堕恶道，常在天上受胜妙乐。

又于过去有佛出世，号宝相如来。若有男子女人闻是佛名，生恭敬心，是人不久得阿罗汉果。

又于过去无量阿僧祇劫，有佛出世，号袈裟幢如来。若有男子女人闻是佛名者，超一百大劫生死之罪。

又于过去有佛出世，号大通山王如来。若有男子女人闻是佛名者，是人得遇恒河沙佛广为说法，必成菩提。

又于过去有净月佛、山王佛、智胜佛、净名王佛、智成就佛、无上佛、妙声佛、满月佛、月面佛有如是等不可说佛。世尊，现在未来一切众生，若天若人，若男若女，但念得一佛名号，功德无量，何况多名。是众生等，生时死时，自得大利，终不堕恶道。若有临命终人，家中眷属，乃至一人，为是病人高声念一佛名，是命终人，除五无间罪，余业报等悉得销灭。是五无间罪，虽至极重，动经亿劫，了不得出，承斯临命终时，他人为其称念佛名，于是罪中，亦渐销灭。何况众生自称自念，获福无量，灭无量罪。

地藏菩萨本愿经卷中

赞：

普贤启问　地藏宏开　三途六道绝尘埃　普广问如来　授记十斋接引上莲台　南无地藏王菩萨　（三称）

37

地藏菩萨本愿功德经卷下

唐于阗国三藏沙门实叉难陀译

校量布施功德缘品第十

尔时地藏菩萨摩诃萨，承佛威神，从座而起，胡跪合掌白佛言：世尊，我观业道众生，校量布施，有轻有重，有一生受福，有十生受福，有百生千生受大福利者。是事云何，唯愿世尊为我说之。

尔时佛告地藏菩萨：吾今于忉利天宫一切众会，说阎浮提布施较量功德轻重，汝当谛听，吾为汝说。地藏白佛言：我疑是事，愿乐欲闻。

佛告地藏菩萨：南阎浮提，有诸国王、宰辅大臣、大长者、大刹利、大婆罗门等，若遇最下贫穷，乃至癃残喑哑，聋痴无目，如是种种不完具者。是大国王等欲布施时，若能具大慈悲下心含笑，亲手遍布施，或使人施，软言慰喻，是国王等所获福利，如布施百恒河沙佛功德之利。何以故。缘是国王等，于是最贫贱辈及不完具者，发大慈心，是故福利有如此报。百千生中，常得七宝具足，何况衣食受用。

复次地藏：若未来世，有诸国王，至婆罗门等，遇佛塔寺，或佛形像，乃至菩萨声闻辟支佛像，躬自营办供养布施。是国王等，当得三劫为帝释身，受胜妙乐。若能以此布施福利，回向法界，是大国王等，于十劫中，常为大梵天王。

复次地藏：若未来世，有诸国王，至婆罗门等，遇先佛塔庙，或至经像，毁坏破落，乃能发心修补。是国王等，或自营办，或劝他人，乃至百千人等布施结缘。是国王等，百千生中常为转轮王身。如是他人同布施者，百千生中常为小国王身。更能于塔庙前，发回向心。如是国王乃及诸人，尽成佛道，以此果报无量无边。

复次地藏：未来世中，有诸国王及婆罗门等，见诸老病及生产妇女，若一念间，具大慈心，布施医药饮食卧具，使令安乐。如是福利最不思议，一百劫中常为净居天主，二百劫中常为六欲天主，毕竟成佛，永不堕恶道，乃至百千生中，耳不闻苦声。

复次地藏：若未来世中，有诸国王及婆罗门等，能作如是布施，获福无量。更能回向，不问多少，毕竟成佛，何况释梵转轮之报。是故地藏，普劝众生当如是学。

复次地藏：未来世中，若善男子善女人，于佛法中，种少善根，毛发沙尘等许，所受福利，不可为喻。

复次地藏：未来世中，若有善男子善女人，遇佛形像、菩萨形像、辟支佛形像、转轮王形像，布施供养得无量福，常在人天受胜妙乐。若能回向法界，是人福利不可为喻。

复次地藏：未来世中，若有善男子善女人，遇大乘经典，或听闻一偈一句，发殷重心，赞叹恭敬，布施供养。是人获大果报，无量无边。若能回向法界，其福不可为喻。

复次地藏：若未来世中，有善男子善女人，遇佛塔寺，大乘经典。新者布施供养，瞻礼赞叹，恭敬合掌。若遇故者，或毁坏者，修补营理，或独发心，或劝多人同共发心。如是等辈，三十生中常为诸小国王，檀越之人，常为轮王，还以善法教化诸小国王。

复次地藏：未来世中，若有善男子善女人，于佛法中所种善根，或布施供养，或修补塔寺，或装理经典，乃至一毛一尘，一沙一渧。如是善事，但能回向法界，是人功德，百千生中受上妙乐。如但回向自家眷属，或自身利益，如是之果，即三生受乐，舍一得万报。是故地藏，布施因缘，其事如是。

地神护法品第十一

尔时坚牢地神白佛言：世尊，我从昔来瞻视顶礼无量菩萨摩诃萨，皆是大不可思议神通智慧，广度众生。是地藏菩萨摩诃萨，于诸菩萨誓愿深重，世尊，是地藏菩萨于阎浮提有大因缘。如文殊、普贤、观音、弥勒，亦化百千身形，度于六道，其愿尚有毕竟。是地藏菩萨教化六道一切众生，所发誓愿劫数，如千百亿恒河沙。

世尊，我观未来及现在众生，于所住处，于南方清洁之地，以土石竹木作其龛室，是中能塑画，乃至金银铜铁，作地藏形像，烧香供养，瞻礼赞叹。是人居处，即得十种利益。何等为十：一者、土地丰壤；二者、家宅永安；三者、先亡生天；四者、现存益寿；五者、所求遂意；六者、无水火灾；七者、虚耗辟除；八者、杜绝恶梦；九者、出入神护；十者、多遇圣因。

世尊，未来世中，及现在众生，若能于所住处方面，作如是供养，得如是利益。

复白佛言：世尊，未来世中，若有善男子善女人，于所住处，有此经典及菩萨像，是人更能转读经典，供养菩萨。我常日夜以本神力，卫护是人，乃至水火盗贼，大横小横，一切恶事，悉皆消灭。

佛告坚牢地神：汝大神力，诸神少及。何以故？阎浮土地，悉蒙汝护，乃至草木沙石，稻麻竹苇，谷米宝贝，从地而有，皆因汝力。又常称扬地藏菩萨利益之事。汝之功德，及以神通，百千倍于常分地神。若未来世中，有善男子善女人，供养菩萨，及转读是经，但依地藏本愿经一事修行者。汝以本神力而拥护之，勿令一切灾害及不如意事，辄闻于耳，何况令受。非但汝独护是人故，亦有释梵眷属，诸天眷属，拥护是人。何故得如是圣贤拥护，皆由瞻礼地藏形像，及转读是本愿经故，自然毕竟出离苦海，证涅槃乐。以是之故，得大拥护。

见闻利益品第十二

尔时世尊，从顶门上，放百千万亿大毫相光，所谓：白毫相光、大白毫相光、瑞毫相光、大瑞毫相光、玉毫相光、大玉毫相光、紫毫相光、大紫毫相光、青毫相光、大青毫相光、碧毫相光、大碧毫相光、红毫相光、大红毫相光、绿毫相光、大绿毫相光、金毫相光、大金毫相光、庆云毫相光、大庆云毫相光、千轮毫光、大千轮毫光、宝轮毫光、大宝轮毫光、日轮毫光、大日轮毫光、月轮毫光、大月轮毫光、宫殿毫光、大宫殿毫光、海云毫光、大海云毫光。于顶门上放如是等毫相光已，出微妙音，告诸大众，天龙八部、人非人等：听吾今日于忉利天宫，称扬赞叹地藏菩萨于人天中，利益等事、不思议事、超圣因事、证十地事、毕竟不退阿耨多罗三藐三菩提事。

说是语时，会中有一菩萨摩诃萨，名观世音，从座而起，胡跪合掌白佛言：世尊，是地藏菩萨摩诃萨具大慈悲，怜愍罪苦众生，于千万亿世界，化千万亿身。所有功德及不思议威神之力。我闻世尊，与十方无量诸佛，异口同音，赞叹地藏菩萨云：正使过去现在未来诸佛，说其功德，犹不能尽。向者，又蒙世尊，普告大众：欲称扬地藏利益等事。唯愿世尊，为现在未来一切众生，称扬地藏不思议事，令天龙八部，瞻礼获福。

佛告观世音菩萨：汝于娑婆世界有大因缘。若天若龙、若男若女、若神若鬼、乃至六道罪苦众生，闻汝名者、见汝形者、恋慕汝者、赞叹汝者。是诸众生，于无上道，必不退转。常生人天，具受妙乐。因果将熟，遇佛受记。汝今具大慈悲，怜愍众生，及天龙八部，听吾宣说地藏菩萨不思议利益之事。汝当谛听，吾今说之。观世音言：唯然，世尊，愿乐欲闻！

佛告观世音菩萨：未来现在诸世界中，有天人受天福尽，有五衰相现，或有堕于恶道之者。如是天人，若男若女，当现相时，或见地藏菩萨形像、或闻地藏菩萨名，一瞻一礼。是诸天人，转增天福，受大快乐，永不堕三恶道报。何况见闻菩萨，以诸香、华、衣服、饮食、宝贝、璎珞，布施供养，所获功德福利，无量无边。

复次观世音：若未来现在诸世界中，六道众生临命终时，得闻地藏菩萨名，一声历耳根者。是诸众生，永不历三恶道苦。何况临命终时，父母眷属，将是命终人舍宅、财物、宝贝、衣服，塑画地藏形像。或使病人未终之时，眼耳见闻，知道眷属将舍宅、宝贝等为其自身塑画地藏菩萨形像。是人若是业报合受重病者，承斯功德，寻即除愈，寿命增益。是人若是业报命尽，应有一切罪障业障，合堕恶趣者。承斯功德，命终之后，即生人天，受胜妙乐，一切罪障，皆悉消灭。

复次观世音菩萨：若未来世，有男子女人，或乳哺时、或三岁、五岁、十岁以下，亡失父母，乃及亡失兄弟姊妹，是人年既长大，思忆父母及诸眷属，不知落在何趣、生何世界、生何天中？是人若能塑画地藏菩萨形像，乃至闻名，一瞻一礼，一日至七日，莫退初心，闻名见形，瞻礼供养。是人眷属，假因业故，堕恶趣者，计当劫数，承斯男女，兄弟姊妹，塑画地藏形像，瞻礼功德，寻即解脱，生人天中，受胜妙乐。是人眷属，如有福力，已生人天，受胜妙乐者，即承斯功德，转增圣因，受无量乐。是人更能三七日中，一心瞻礼地藏形像，念其名字，满于万遍。当得菩萨现无边身，具告是人，眷属生界。或于梦中，菩萨现大神力，亲领是人，于诸世界，见诸眷属。更能每日念菩萨名千遍，至于千日。是人当得菩萨遣所在土地鬼神，终身卫护，现世衣食丰溢，无诸疾苦。乃至横事不入其门，何况及身。是人毕竟得菩萨摩顶授记。

复次观世音菩萨：若未来世有善男子善女人，欲发广大慈心，救度一切众生者，欲修无上菩提者，欲出离三界者。是诸人等，见地藏形像，及闻名者，至心归依，或以香华、衣服、宝贝、饮食，供养瞻礼。是善男女等，所愿速成，永无障碍。

复次观世音：若未来世，有善男子善女人，欲求现在未来百千万亿等愿，百千万亿等事。但当归依瞻礼、供养赞叹，地藏菩萨形像。如是所愿所求，悉皆成就。复愿地藏菩萨具大慈悲，永拥护我。是人于睡梦中，即得菩萨摩顶授记。复次观世音菩萨：若未来世，善男子善女人，于大乘经典，深生珍重，发不思议心，欲读欲诵。纵遇明师教视令熟，旋得旋忘，动经年月，不能读诵。是善男子等，有宿业障，未得消除，故于大乘经典，无读诵性。如是之人，闻地藏菩萨名、见地藏菩萨像，具以本心恭敬陈白，更以香华、衣服、饮食、一切玩具，供养菩萨。以净水一盏，经一日一夜安菩萨前，然后合掌请服，回首向南。临入口时，至心郑重，服水既毕，慎五辛酒肉，邪淫妄语，及诸杀害，一七日或三七日。是善男子善女人，于睡梦中，具见地藏菩萨现无边身，于是人处，授灌顶水。其人梦觉，即获聪明，应是经典，一历耳根，即当永记，更不忘失一句一偈。

复次观世音菩萨：若未来世，有诸人等，衣食不足，求者乖愿、或多病疾、或多凶衰、家宅不安、眷属分散、或诸横事，多来忤身，睡梦之间，多有惊怖。如是人等，闻地藏名、见地藏形，至心恭敬，念满万遍。是诸不如意事，渐渐消灭，即得安乐、衣食丰益，乃至于睡梦中，悉皆安乐。

复次观世音菩萨：若未来世，有善男子善女人，或因治生、或因公私、或因生死、或因急事，入山林中、过渡河海、乃及大水、或经险道。是人先当念地藏菩萨名万遍，所过土地，鬼神卫护，行住坐卧，永保安乐。乃至逢于虎狼师子，一切毒害，不能损之。

佛告观世音菩萨：是地藏菩萨，于阎浮提有大因缘，若说于诸众生见闻利益等事，百千劫中，说不能尽。是故观世音，汝以神力流布是经，令娑婆世界众生，百千万劫永受安乐。

尔时世尊，而说偈言：

吾观地藏威神力，恒河沙劫说难尽。

见闻瞻礼一念间，利益人天无量事。

若男若女若龙神，报尽应当堕恶道。

至心归依大士身，寿命转增除罪障。

少失父母恩爱者，未知魂神在何趣。

兄弟姊妹及诸亲，生长以来皆不识。

或塑或画大士身，悲恋瞻礼不暂舍。

三七日中念其名，菩萨当现无边体。

示其眷属所生界，纵堕恶趣寻出离。

若能不退是初心，即获摩顶受圣记。

欲修无上菩提者，乃至出离三界苦。

是人既发大悲心，先当瞻礼大士像。

一切诸愿速成就，永无业障能遮止。

有人发心念经典，欲度群迷超彼岸。

虽立是愿不思议，旋读旋忘多废失。

斯人有业障惑故，于大乘经不能记。

供养地藏以香华，衣服饮食诸玩具，

以净水安大士前，一日一夜求服之。

发殷重心慎五辛，酒肉邪淫及妄语。

三七日内勿杀害，至心思念大士名。

即于梦中见无边，觉来便得利根耳。

应是经教历耳闻，千万生中永不忘。

以是大士不思议，能使斯人获此慧。

贫穷众生及疾病，家宅凶衰眷属离。

睡梦之中悉不安，求者乖违无称遂。

至心瞻礼地藏像，一切恶事皆消灭。

至于梦中尽得安，衣食丰饶神鬼护。

欲入山林及渡海，毒恶禽兽及恶人。

恶神恶鬼并恶风，一切诸难诸苦恼。

但当瞻礼及供养，地藏菩萨大士像。

如是山林大海中，应是诸恶皆消灭。

观音至心听吾说，地藏无尽不思议。

百千万劫说不周，广宣大士如是力。

地藏名字人若闻，乃至见像瞻礼者。

香华衣服饮食奉，供养百千受妙乐。

若能以此回法界，毕竟成佛超生死。

是故观音汝当知，普告恒沙诸国土。

嘱累人天品第十三

尔时世尊举金色臂，又摩地藏菩萨摩诃萨顶，而作是言：地藏地藏，汝之神力不可思议、汝之慈悲不可思议、汝之智慧不可思议、汝之辩才不可思议，正使十方诸佛，赞叹宣说汝之不思议事，千万劫中，不能得尽。

地藏地藏，记吾今日在忉利天中，于百千万亿不可说，不可说，一切诸佛菩萨，天龙八部，大会之中，再以人天诸众生等，未出三界，在火宅中者，付嘱于汝。无令是诸众生，堕恶趣中，一日一夜，何况更落五无间，及阿鼻地狱，动经千万亿劫，无有出期。地藏，是南阎浮提众生，志性无定，习恶者多。纵发善心，须臾即退。若遇恶缘，念念增长。以是之故，吾分是形，百千亿化度，随其根性而度脱之。地藏，吾今殷勤，以天人众，付嘱于汝。未来之世，若有天人，及善男子善女人，于佛法中，种少善根，一毛一尘，一沙一渧，汝以道力，拥护是人，渐修无上，勿令退失。

复次地藏，未来世中，若天若人，随业报应，落在恶趣。临堕趣中，或至门首，是诸众生，若能念得一佛名，一菩萨名，一句一偈大乘经典。是诸众生，汝以神力，方便救拔，于是人所，现无边身，为碎地狱，遣令生天，受胜妙乐。

尔时世尊，而说偈言：

现在未来天人众，吾今殷勤付嘱汝，以大神通方便度，勿令堕在诸恶趣。

尔时地藏菩萨摩诃萨，胡跪合掌白佛言：世尊，唯愿世尊不以为虑。未来世中，若有善男子善女人，于佛法中，一念恭敬，我亦百千方便，度脱是人，于生死中速得解脱。何况闻诸善事，念念修行，自然于无上道永不退转。

说是语时，会中有一菩萨，名虚空藏，白佛言：世尊，我自至忉利，闻于如来赞叹地藏菩萨，威神势力，不可思议。未来世中，若有善男子善女人，乃及一切天龙，闻此经典及地藏名字，或瞻礼形像，得几种福利？唯愿世尊，为未来现在一切众等，略而说之。

佛告虚空藏菩萨：谛听谛听！吾当为汝分别说之。若未来世，有善男子善女人，见地藏形像，及闻此经，乃至读诵，香华饮食，衣服珍宝，布施供养，赞叹瞻礼，得二十八种利益：一者、天龙护念，二者、善果日增，三者、集圣上因，四者、菩提不退，五者、衣食丰足，六者、疾疫不临，七者、离水火灾，八者、无盗贼厄，九者、人见钦敬，十者、神鬼助持，十一者、女转男身，十二者、为王臣女，十三者、端正相好，十四者、多生天上。十五者、或为帝王，十六者、宿智命通，十七者、有求皆从，十八者、眷属欢乐，十九者、诸横消灭，二十者、业道永除，二十一者、去处尽通，二十二者、夜梦安乐，二十三者、先亡离苦，二十四者、宿福受生，二十五者、诸圣赞叹，二十六者、聪明利根，二十七者、饶慈愍心，二十八者、毕竟成佛。

复次虚空藏菩萨：若现在未来，天龙鬼神，闻地藏名，礼地藏形，或闻地藏本愿事行，赞叹瞻礼，得七种利益：一者、速超圣地，二者、恶业消灭，三者、诸佛护临，四者、菩提不退，五者、增长本力，六者、宿命皆通，七者、毕竟成佛。

尔时，十方一切诸来，不可说不可说诸佛如来，及大菩萨天龙八部，闻释迦牟尼佛，称扬赞叹地藏菩萨，大威神力，不可思议，叹未曾有。是时，忉利天，雨无量香华，天衣珠璎，供养释迦牟尼佛，及地藏菩萨已，一切众会，俱复瞻礼，合掌而退。

地藏菩萨本愿经卷下

赞：

地藏本誓　校量经因　瘫残瘖哑是前生　今世讽大乘　福利无穷
决定宝莲生　南无地藏王菩萨　（三称）

地藏菩萨灭定业真言：

唵 钵啰末邻陀宁 娑婆诃

七佛灭罪真言：

离婆离婆帝 求诃求诃帝 陀罗尼帝 尼诃啰帝 毗黎你帝 摩诃
伽帝 真陵乾帝 娑婆诃

回向偈：

愿以此功德庄严佛净土 上报四重恩下济三涂苦

若有见闻者悉发菩提心 尽此一报身同生极乐国

拔一切业障根本得生净土陀罗尼：

南无 阿弥多婆夜 哆他伽多夜 哆地夜他 阿弥利都婆毗 阿弥
利哆 悉耽婆毗 阿弥利哆 毗迦兰帝 阿弥利哆 毗迦兰多 伽弥腻
伽伽那 枳多迦利 娑婆诃

补阙真言：

南谟喝啰怛那哆啰夜耶　佉啰佉啰　俱住俱住　摩啰摩啰　虎啰吽
贺贺苏怛拿　吽　泼抹拿　娑婆诃

补阙圆满真言：

唵　呼嚧　呼嚧　社曳穆契娑诃

地藏赞：

地藏菩萨妙难伦　化现金容处处分

三涂六道闻妙法　四生十类蒙慈恩

明珠照彻天堂路　金锡振开地狱门

累劫亲姻蒙接引　九莲台畔礼慈尊

南无九华山幽冥世界　大慈大悲

地藏王菩萨

南无地藏王菩萨（数百千声）

Printed in Great Britain
by Amazon